Inhalt

Elternzeit für Männer - Realität und Chancen in deutschen Unternehmen

Kernthesen

Beitrag

Fallbeispiele

Weiterführende Literatur

Impressum

GENIOS WirtschaftsWissen Nr. 07/2005 vom 06.07.2005

Elternzeit für Männer - Realität und Chancen in deutschen Unternehmen

M.Rinkenburger

Kernthesen

- Die Geburtenrate in Deutschland sinkt stetig. Zwei der Hauptgründe sind die mangelhafte finanzielle Unterstützung sowie die fehlenden Möglichkeiten der Kinderbetreuung. (1)
- Viele Frauen haben heutzutage hervorragende Ausbildungen und gutbezahlte Berufe. Sie sind immer weniger bereit ihre beruflichen Karrierechancen zugunsten einer Erziehung von Kindern

aufzugeben. (1) Es ist dringend notwendig, die Elternzeit zu reformieren und die Väter stärker einzubeziehen.
- Elternzeit für Männer wird wichtiger denn je. Führungskräfte unterstützen diesen Wunsch noch viel zu selten und Väter befürchten Nachteile bei ihrer beruflichen Weiterentwicklung. (4)

Beitrag

In Deutschland wird der Zusammenhang zwischen dem zukünftigen Fachkräftemangel und der Notwendigkeit einer Reform der Familienpolitik immer noch zu wenig beachtet. Wer soll in Zukunft die Renten zahlen und Unternehmen weiter bringen, wenn immer mehr Frauen ihren Beruf der Mutterrolle vorziehen? Wenn es keine nachhaltigen Konzepte gibt, Familie und Beruf für Männer und Frauen besser zu vereinbaren, dann wird die Geburtenrate auch weiterhin sinken.

Aktuelle Situation

Die Vereinbarkeit von Familie und Beruf gestaltet sich unter den gegebenen gesellschaftlichen, politischen und wirtschaftlichen Rahmenbedingungen immer schwieriger. Viele Frauen möchten Ihre beruflichen Chancen nicht zugunsten einer Kindeserziehung aufgeben. Auf der anderen Seite wird es in Unternehmen immer noch sehr kritisch gesehen, wenn ein Mann auch nur für einen begrenzten Zeitraum die Erziehung seiner Kinder übernimmt. (1) Dabei wünschen sich laut aktuellen Umfragen 40 Prozent der Männer mehr Zeit für ihre Kinder. Sie möchten sich nicht mehr nur mit der Rolle des Ernährers begnügen. Vielmehr wünschen sie sich verstärkt bei der Erziehung ihrer Kinder eine größere Rolle einzunehmen. (2), (10) 92 Prozent der berufstätigen Männer arbeiten trotz der Möglichkeit auf Elternzeit mehr als 35 Stunden pro Woche. Aktuell nehmen gerade mal fünf Prozent der Väter Elternzeit und diesen heftet oftmals noch das Image an, ein Jobversager zu sein. (2)

Ein weiteres Dilemma stellt sich bei der Dauer der Elternzeit heraus. Je länger die Elternzeit in Anspruch genommen wird, um so schwieriger wird der Wiedereinstieg. Der einhergehende Qualifikationsverlust spielt bei der Entscheidung jemanden nach drei Jahren Erziehungszeit wieder beschäftigen zu wollen eine große Rolle. Hintergrund hierfür für längere Erziehungszeiten sind die mangelnden Betreuungsmöglichkeiten für Kinder sowie der kaum vorhandene Kontakt des

Unternehmens zu den Arbeitnehmern in Elternzeit.

Ein Aufteilen der Erziehungszeit ist auch aus Gründen des Einkommens meistens nicht möglich. Immer noch verdienen Männer bei vergleichbaren Tätigkeiten im Durchschnitt wesentlich mehr als Frauen und tragen dadurch die finanzielle Verantwortung. (10) Da das Entgelt für Teilzeittätigkeiten oftmals durch die Kinderbetreuungskosten nahezu aufgezehrt wird, entscheiden sich Frauen eher dafür, ganz Zuhause zu bleiben. (8)

Ziele und Rahmenbedingungen einer nachhaltigen Familienpolitik

Eine nachhaltige und erfolgreiche Familienpolitik hat die Aufgabe Verhältnisse zu schaffen, die es beiden Elternteilen ermöglicht Verantwortung, Erziehung und Ernährung für Familie und Kinder gemeinsam zu tragen. (1) Beiden Elternteilen muss die Möglichkeit gegeben werden, ohne Nachteile für Beruf und Familie sowie ohne negative Vorurteile aus der Gesellschaft und innerhalb der Unternehmen Elternzeit zu nehmen.

Für alle Bevölkerungsschichten müssen finanzielle

Rahmenbedingungen geschaffen werden die beiden Elternteilen die Chance gibt, Elternzeit zu nehmen ohne plötzlich auf das zweite Einkommen verzichten zu müssen. (1) Die Einführung einer verpflichtenden Elternzeit für Väter in Kombination mit der Zahlung von Erziehungsgeld könnte dazu beitragen, den Anteil an Männern in Elternzeit schnell zu erhöhen. (5)

Ziele und Rahmenbedingungen einer familienfreundlichen Personalpolitik

Unternehmen sollten sich aus eigenen Interessen dazu verpflichten, eine familienfreundliche Personalpolitik zu betreiben. Je stärker der zukünftige Geburtenrückgang sein wird, umso schwieriger wird es für Firmen qualifizierte Fachkräfte zu gewinnen. (8) Eine familienfreundliche Personalpolitik wird in Zukunft auch auf dem Bewerbermarkt größere Vorteile für Unternehmen haben. Wenn sich 40 Prozent der Männer mehr Zeit für ihre Kinder wünschen, dann werden Rahmenbedingungen bei Unternehmen, die diesen Wünschen Rechnung tragen, einen großen Vorteil bei der Rekrutierung neuer hochqualifizierter Mitarbeiter haben.

Teilzeitmodelle, Lebensarbeitszeitkonten, Betriebskindergärten oder Telearbeitsplätze sind nur einige Beispiele für potentielle Maßnahmen neben der klassischen Elternzeit. (11)

Führungskräfte in Unternehmen müssen wesentlich flexibler werden im Umgang mit Teilzeitwünschen ihrer Mitarbeiter. Viele verbinden mit dem Wunsch nach Teilzeit 50 Prozent Arbeitszeitreduzierung. Dabei gibt es wesentlich flexiblere und sanftere Teilzeitmodelle, die für Mitarbeiter und Unternehmen zu einer win-win-Situation führen. (10) Eine Teilzeittätigkeit mit 80 Prozent eröffnet Familien zum Teil schon einen wesentlich größeren Spielraum bei der Kinderbetreuung und dem beiderseitigen Wunsch nach einer Berufstätigkeit. (10) Unternehmen müssen aktiv auf ihre Mitarbeiter zugehen sobald ihnen eine Schwangerschaft mitgeteilt wird. Wenn frühzeitig die Wünsche der zukünftigen Mütter geklärt sind, dann können schnell und flexibel Möglichkeiten für eine rasche Rückkehr in die Berufstätigkeit gefunden werden. Dadurch reduzieren sich potentielle Aufwendungen und Kosten für die Suche und Einarbeitung einer geeigneten Vertretung während der Erziehungszeit.

Elternzeit in anderen Ländern

In verschiedenen europäischen Ländern wurden vor einigen Jahren erfolgreich verschiedene Modelle der Elternzeit eingeführt. Frauen und Männer haben die Möglichkeit, sich für eine bestimmte Zeit den Kindern zu widmen während sie parallel und in Abhängigkeit ihres Gehaltes eine monetäre Unterstützung erhalten. In Schweden und Island hat dies dazu geführt, dass die Geburtenraten wieder gestiegen sind und europaweit mit an der Spitze stehen. Der Anstieg an berufstätigen Frauen ist ebenfalls eine Folge dieser Familienpolitik. (1), (6)

Fallbeispiele

Die klassische Rollenverteilung mit dem Vater als Ernährer und der Mutter als Erzieher verliert immer mehr Befürworter. 40 Prozent der Männer wünschen sich laut einer aktuellen Studie mehr Zeit für ihre Kinder und eine bessere Vereinbarung zwischen Familie und Beruf. Unter den gegebenen Rahmenbedingungen ist es aber oft nicht möglich diesen Bedürfnissen nachzukommen ohne gleichzeitig Nachteile in der beruflichen Entwicklung zu haben. Allerdings versuchen immer mehr Männer ihre Arbeitszeit so zu planen, um zumindest auch einige Stunden unter der Woche mit ihren Kindern verbringen zu können. So werden bei gleitender Arbeitszeit feste Nachmittage unter der Woche für die Kinder reserviert und die Arbeit an anderen Tagen nachgeholt (2) Vereinzelt vereinbaren Männer auch eine vier-Tage-Woche, um ihren Kindern näher zu sein aber auch um ihren Frauen einen schnellen Wiedereinstieg in den Beruf zu ermöglichen. (2)

Weiterführende Literatur

(1) Vater, Mutter, Kind In Schweden gibt es eine Elternversicherung, die Männern wie Frauen die Entscheidungen für Nachwuchs erleichtert / Von Göran Persson
aus Frankfurter Rundschau v. 22.06.2005, S.9, Ausgabe: S Stadt

(2) O.V., Bin ich ein guter Vater, FOCUS, 20.06.2005, Ausgabe 25, S. 106-116
aus Frankfurter Rundschau v. 22.06.2005, S.9, Ausgabe: S Stadt

(3) Islands coole Eltern
aus Frankfurter Allgemeine Sonntagszeitung, 19.06.2005, Nr. 24, S. 12

(4) ... Vater sein dagegen sehr
aus Süddeutsche Zeitung, 10.06.2005, Ausgabe Deutschland, S. 8

(5) O.V., Ministerin plant verbindliche Erziehungszeit für Väter, Spiegel Online, 07.06.2005
aus Süddeutsche Zeitung, 10.06.2005, Ausgabe Deutschland, S. 8

(6) Das Prämien-Modell
aus Süddeutsche Zeitung, 17.05.2005, Ausgabe Deutschland, S. 9

(7) "Bis zu 5500 Euro pro Monat"
aus Süddeutsche Zeitung, 17.05.2005, Ausgabe Deutschland, S. 9

(8) O.V., Karriere mit Kind bleibt schwierig, Bonner General-Anzeiger, 09.04.2005, S. 43
aus Süddeutsche Zeitung, 17.05.2005, Ausgabe Deutschland, S. 9

(9) Raadau, Lars, Bundesfamilienministerin Renate Schmidt (SPD) zu Nutzen von familienfreundlicher Unternehmenspolitik, LVZ/Leipziger-Volkszeitung, 04.04.2005, S. 6
aus Süddeutsche Zeitung, 17.05.2005, Ausgabe Deutschland, S. 9

(10) Bittelmeyer, Andrea, Beruf und Familie / Feierabend-Väter suchen neue Rolle, Sparkasse, April 2005, Nr. 04, S. 32
aus S¨ddeutsche Zeitung, 17.05.2005, Ausgabe Deutschland, S. 9

(11) Marlow, Henrike, Zwischen Windeleimer und PC,

Kölnische Rundschau, 02.03.2005
aus S&uuml;ddeutsche Zeitung, 17.05.2005,
Ausgabe Deutschland, S. 9

(12) "Als Familienmenschen haben Männer keine Lobby" VHS und Frauenbeauftragte laden zum Vortragsabend / Experten diskutieren über gesellschaftliche Hindernisse einer aktiven Vaterschaft
aus Frankfurter Rundschau v. 28.02.2005, S.39,
Ausgabe: R Region

Impressum

Elternzeit für Männer - Realität und Chancen in deutschen Unternehmen

Bibliografische Information der deutschen Nationalbibliothek

Die Deutsche Nationalbibliothek verzeichnet diese Publikation in der deutschen Nationalbibliografie; detaillierte bibliografische Daten sind im Internet über http://dnb.d-nb.de abrufbar.

ISBN: 978-3-7379-0893-1

© 2015 GBI-Genios Deutsche Wirtschaftsdatenbank GmbH, Freischützstraße 96, 81927 München, www.genios.de

Alle Rechte vorbehalten. Dieses Werk ist einschließlich aller seiner Teile – z.B. Texte, Tabellen und Grafiken - urheberrechtlich geschützt. Jede Verwertung außerhalb der Grenzen des Urheberrechtsgesetzes bedarf der vorherigen Zustimmung des Verlags. Dies gilt insbesondere auch für auszugsweise Nachdrucke, fotomechanische

Vervielfältigungen (Fotokopie/Mikroskopie), Übersetzungen, Auswertungen durch Datenbanken oder ähnliche Einrichtungen und die Einspeicherung und Verarbeitung in elektronischen Systemen.